T0055252

A mi padre, que regresó al mar demasiado pronto.

INÊS CASTEL-BRANCO

Nací en Lisboa en 1977 y viví hasta los dieciocho años en una pequeña ciudad del interior de Portugal que se llama casi como yo: Castelo Branco. Tocaba el piano y pasaba las vacaciones, en Aveiro, dibujando y explorando distintas técnicas de pintura. Y también haciendo fotografías, con la vieja Canon de mi padre. A los dieciocho años me fui a estudiar arquitectura a Oporto. Después, la curiosidad me llevó a hacer un Erasmus en Barcelona. Iba a estar solo un año, pero la ciudad me gustó tanto que acabé quedándome y haciendo un máster en arquitectura efímera y un doctorado sobre los espacios del teatro en los años sesenta.

En 2007 me convertí en editora y los últimos diez años me he dedicado a la maquetación y el diseño de todos los libros de Fragmenta, además de dirigir la colección infantil Pequeño Fragmenta desde 2015 —asesorada por mis tres hijos—, que ahora tiene continuidad en AKIARA books.

Durante esos años tuve la fortuna de conocer a Raimon Panikkar y de visitarlo varias veces en Tavertet. Cuando se empezó a plantear la celebración de 2018 como el Año Panikkar, sentí que quería hacer un libro infantil a partir de algún texto suyo. Y la primera imagen que me vino a la cabeza fue la gota de agua. Este es mi pequeño homenaje a uno de los pensadores más grandes de nuestro tiempo.

RAIMON PANIKKAR

Nació en Barcelona en 1918. Su padre era indio e hindú y su madre, catalana y cristiana. Le gustaba saberlo todo y viajar mucho, por eso se doctoró en filosofía, en ciencias y en teología, y fue profesor en varias universidades de Europa, la India y los Estados Unidos. También se ordenó sacerdote católico.

Cuando a los treinta y seis años pisó la India por primera vez, algo se le removió por dentro: «Me fui cristiano, me descubrí hindú y regreso budista, sin haber dejado nunca de ser cristiano».

Decidió entonces dedicar su vida a escribir y hablar sobre el diálogo intercultural e interreligioso. Al jubilarse quiso volver a Catalunya, a un lugar especial… y descubrió Tavertet, donde vivió sus últimos años en medio del silencio, la escritura y el encuentro con otros espíritus inquietos como el suyo.

En 2018 el Gobierno de Catalunya conmemora el Año Raimon Panikkar, en el centenario de su nacimiento.

Publicado por AKIARA books | Plaça del Nord, 4, pral. 1.ª | 08024 Barcelona | www.akiarabooks.com | info@akiarabooks.com | Primera edición: abril de 2018
Col·lecció: Akialbum, 2 | Impresión y encuadernación: Agpograf, SA | © 2018 Inês Castel-Branco, por las ilustraciones y el texto, a partir del capítulo «La gota d'aigua. Una metàfora intercultural», en Raimon PANIKKAR, *Mite, símbol, culte* [Opera Omnia Raimon Panikkar, vol. IX, tomo 1], Fragmenta, Barcelona, 2009, p. 353-378
© 2018 Isabel Llasat, por la traducción | © 2018 AKIARA books, SLU, por esta edición | Depósito legal: B 5.919-2018 | ISBN: 978-84-17440-04-6 | *Printed in Spain*
Todos los derechos reservados

INÈS CASTEL-BRANCO

La gota
de agua

SEGÚN RAIMON PANIKKAR

AKIARA
books

Al principio era el agua.

Gracias al agua, pudieron nacer las primeras **formas de vida**.

El agua está viva.
A diferencia de las plantas, los animales o las personas,
el agua no se muere nunca.

El agua es una.
Se mueve y se transforma continuamente
como una sola agua.

Muchos pueblos creen que el agua tiene el poder de limpiar
no solo por fuera sino también por dentro, de purificar el corazón,
de ayudar a **nacer de nuevo.**

Por eso se **bautizan** y se **bañan** en las aguas de los ríos sagrados,
antes de las fiestas y de entrar a los templos.

Pero el agua, cuando está furiosa, también puede inundar las casas y los pueblos, destruir los campos, arrancar los árboles, volcar las barcas, matar.

Muchas veces se ha comparado la vida de los seres humanos con el destino de una gota de agua.

¿Qué pasa cuando una gota de agua cae al mar?
¿Qué pasa cuando una persona se muere?

Para poder contestar, antes tenemos que preguntarnos algo:

¿somos **la gota** de agua...

...o el agua de la gota?

Miremos por un momento la gota que cae al mar:
su piel exterior, que la separaba y la hacía distinta a todas las demás gotas,
se rompe y la gota deja de existir como gota.

eessPlaaaaaaassSS

Si comparamos a cada persona con esta pequeña gota,
que dura cierto tiempo y que un día se deshace en el río o en el mar,
podemos decir que su vida se acabará con la muerte.

Pero fijémonos ahora en el agua de la gota:
cuando se mezcla con más agua, ¡no le pasa nada!
Sigue existiendo, sin dejar de ser lo que era.

El agua que un día regresa al mar no deja de ser agua,
ni siquiera cuando la gota se deshace.

En Occidente estamos más acostumbrados a pensar en las personas
como si fueran pequeñas gotas de agua muy distintas entre sí.

Para algunos, todo acaba cuando la gota se muere.

Para otros, cada gota que llega al mar cristaliza para siempre,
sin perder su carácter ni nada de lo que la hacía única.

En **Oriente**, sin embargo, les gusta más pensar en el agua
de la que están hechas todas las gotas.

El agua se evapora y sube a las nubes, para después volver a ser gota
de distinta forma, en un ciclo que nunca se detiene.

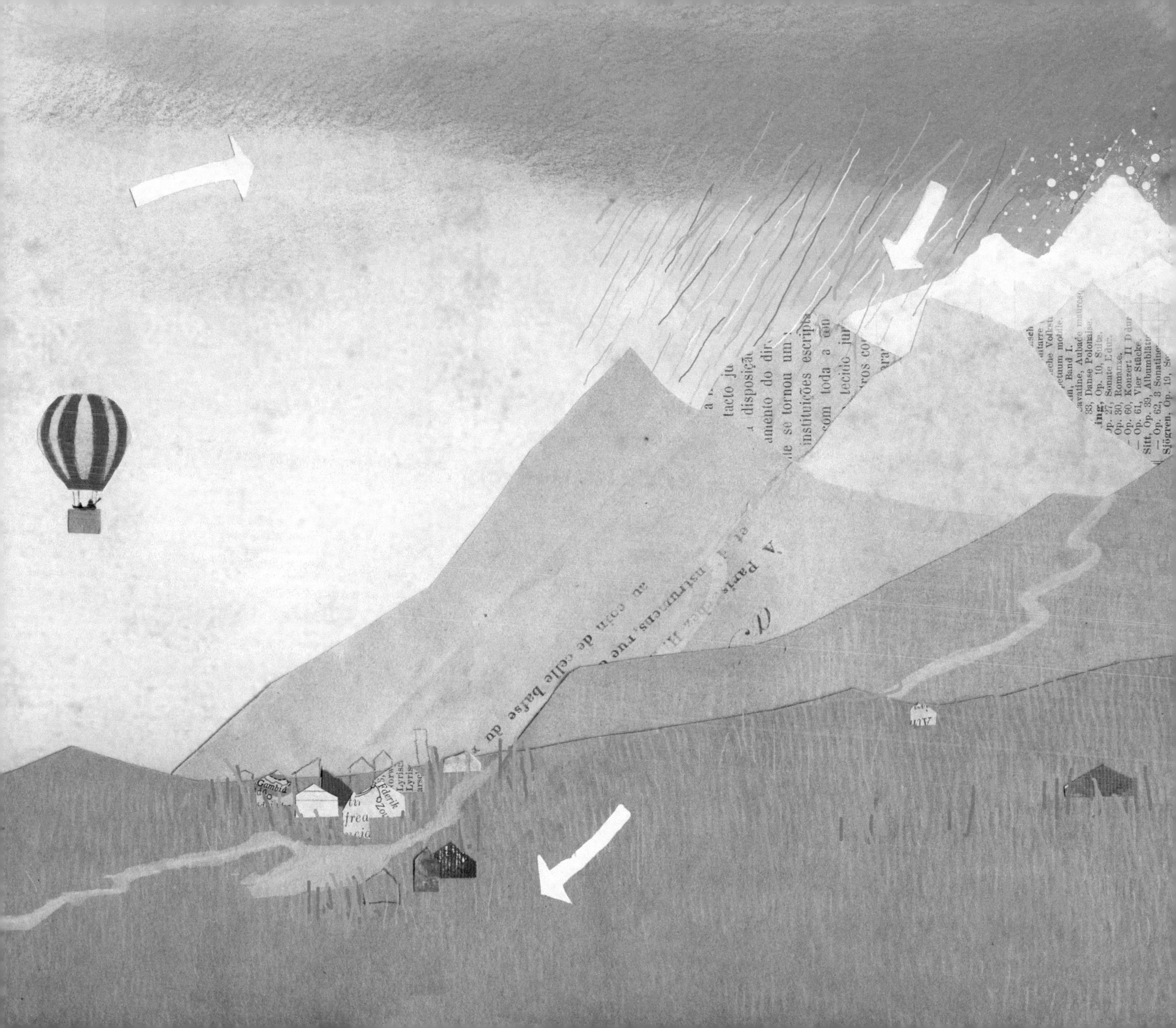

Solo hay un agua, cierto, pero eso no quiere decir
que toda el agua sea igual:

el agua puede ser
caliente o fría,
dulce o salada,
transparente o turbia...

Cada agua tiene un gusto y un aspecto distintos, que la hacen única.
¡Como nosotros!

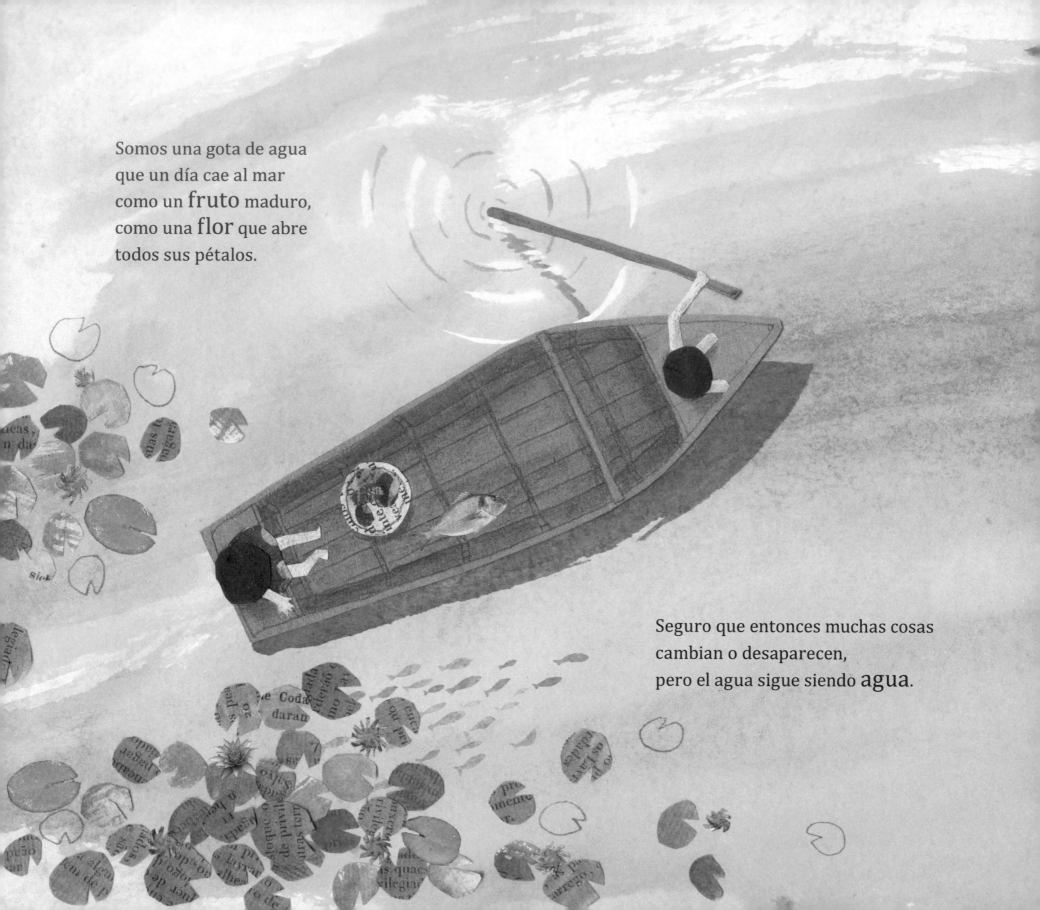

Somos una gota de agua
que un día cae al mar
como un **fruto** maduro,
como una **flor** que abre
todos sus pétalos.

Seguro que entonces muchas cosas
cambian o desaparecen,
pero el agua sigue siendo **agua**.

Igual que la gota es portadora de agua,
nosotros somos portadores de vida.

Y la vida, como el mar, no puede morir.

Una metáfora intercultural

Raimon Panikkar (1918-2010) reflexionó varias veces sobre la metáfora de la gota de agua, una metáfora que él consideraba muy poderosa precisamente por su carácter universal. La imagen de la gota de agua que se funde en el mar nos permite pensar en la muerte humana no de una manera individual, sino en compañía de antepasados culturales muy diversos que ya la utilizaban para mostrar cómo la vivían y sentían.

En las Upanishads o en la literatura persa, los textos bíblicos, los diarios de los místicos o los versos de los poetas, encontramos una y otra vez la metáfora de la gota de agua que por fin se funde con el mar sin dejar de ser agua, pero perdiendo su forma de gota.

Sin embargo, Panikkar advierte del peligro de caer en «presupuestos monoculturales», en un reduccionismo según el cual todas las culturas dicen lo mismo, en una mezcla de elementos de procedencias diversas, eludiendo los aspectos menos atractivos de cada una de ellas. La interculturalidad de Panikkar no tiene nada de superficial. Al contrario, pretende llegar al núcleo de cada tradición espiritual para extraer su esencia más profunda y, al mismo tiempo, establecer equivalencias.

La muerte y los niños

Raimon Panikkar nos dejó una amplia obra escrita, pero nunca escribió textos para lectores infantiles. Es innegable que las páginas que dedica a la metáfora de la gota de agua presentan mucha más complejidad de la que aparece en este libro, pero podemos quedarnos con su esencia y dejar las cuestiones más filosóficas para los expertos.

Hemos considerado oportuno presentar *La gota de agua* a los niños por la fuerza de la metáfora, que se deja captar inmediatamente, y porque hay pocos materiales que hablen de la muerte de una manera tan serena y lúcida. La sociedad actual rehúye la muerte, ha perdido las palabras para explicarla. Panikkar afirma que pretende «superar cierta ansiedad respecto a la muerte sin eliminar por ello el misterio».

Paso a paso, con Raimon Panikkar

Las aguas primordiales

Raimon Panikkar empieza hablándonos de las aguas primordiales basándose en los Veda, la Biblia y otros textos sagrados, en los mitos de Babilonia, Persia, la India, Grecia o África. Nos remite a distintas tradiciones de la humanidad, que coinciden en señalar el agua como principio de todo.

El agua, fuente de vida

El agua permite la vida. En los lugares donde no hay agua, aparece el desierto estéril, una «tierra de muerte». Cuando se investiga si hay posibilidad de vida en otros planetas, la clave es saber si hay o no vestigios de agua. Pero el agua no muere: se mueve y se transforma, es la misma y siempre cambia.

El agua purificadora

Aquí la ilustración evoca el río Ganges, el río sagrado donde los hindúes se bañan ritualmente (y a cuyas aguas se arrojaron las cenizas de Panikkar, que vivió muchos años en la India). Pero el agua también sirve para purificar a las personas antes de entrar al templo o para convertirlas en cristianas, por el bautismo.

El agua destructora

Tampoco podemos olvidar el poder destructor del agua, recogido en el mito del diluvio o en la experiencia de campesinos y navegantes a lo largo del tiempo. No hay vida en estado puro, dice Panikkar, ya que la muerte le pertenece. El agua, símbolo de vida, puede también, en exceso, ocasionar la muerte.

Destino humano

Ahora Panikkar entra de pleno en la metáfora: ¿y si comparamos el destino humano con el destino de una gota de agua? ¿Y si la muerte no fuera más que el momento en el que la gota cae al mar? Cuando morimos, ¿retenemos algo de nosotros mismos o somos absorbidos completamente en el mar infinito?

¿La GOTA de agua o el AGUA de la gota?

A partir de este punto, Panikkar intenta presentar dos caminos diferentes que dependen, sencillamente, de la forma en que nos vemos cada cual, de la parte que acentuamos más: la gota o el agua.

La gota que cae

Panikkar nos invita a fijarnos en la gota que deja de existir como gota única, con un espacio y un tiempo que la individualizaban. Su piel exterior, la barrera que la separaba de las otras gotas, la tensión superficial que la distinguía, ciertamente desaparece.

La muerte

De la gota pasamos a la vida humana: algún día habrá un final. La individualidad de cada persona dejará de existir, será aniquilada o transformada, será absorbida en el mar de Dios, de Brahman, del cosmos, de la nada... o el nombre que se le quiera dar.

El agua que queda

Panikkar nos propone ahora que nos centremos en el agua: no tiene el mismo destino que la gota, porque sigue existiendo. Solo ha perdido sus limitaciones y se ha mezclado con el agua del charco, del río o del mar. ¡Pero no ha perdido nada en su condición de agua!

El mar

Cuando consideramos que los seres humanos somos como el agua, no estamos diciendo que contenemos toda el agua, sino que somos tan reales como el agua, porciones únicas de esta agua, con la que algún día nos mezclaremos.

Occidente

Para no eludir las diferencias cosmológicas, Panikkar nos presenta la idea que predomina en el pensamiento occidental: la persona considerada como gota. La muerte se ve como una tragedia, una lucha que hay que afrontar con las armas de la secularidad o de la religión. El pensamiento secular proclama que no hay ninguna otra vida, que todo se acabará algún día y que la única esperanza está en mejorar la vida presente. El pensamiento religioso abrahámico, en cambio, postula una vida más auténtica después de la muerte, en la eternidad, en la que se conserva la individualidad de cada persona.

Oriente

En las culturas de Oriente se da prioridad al agua de la que están formadas todas las gotas. El pensamiento hindú busca la realidad universal que resiste a los cambios: puesto que la «sustancia» que hay debajo es igual al «ser» que hay encima, la trascendencia divina implica la inmanencia divina (*atman-brahman*). El budismo, con la ley del karma, considera que la persona solo es gota durante el tiempo que vive en la Tierra y que cada vez que la gota se evapora se inicia un nuevo ciclo de vida temporal completamente diferente. En este caso, no hay nada que perdure, solo hay cambios continuos.

H_2O

Panikkar reconoce la complejidad de estas cosmovisiones y por ello no reduce la metáfora de la gota de agua a un problema de Occidente (gota) u Oriente (agua). De hecho, las dos cosmovisiones pueden ser complementarias. Si pensamos en el agua de cada gota, nos daremos cuenta que no toda el agua es igual. La fórmula cuantitativa H_2O se refiere a su composición química, pero la realidad es también cualitativa: el agua puede tener distintos sabores, temperaturas, colores... El agua de cada gota no es un concepto abstracto de agua, sino una realidad concreta y única, con identidad.

Somos agua

Panikkar insiste en que no todo se acaba cuando la gota cae al mar. Hay muertes prematuras y accidentales —una gota que se evapora antes de llegar al mar—, pero en general la muerte llega cuando el fruto está maduro, cuando los pétalos se han abierto.

La vida no puede morir

La muerte es una experiencia individual que puede provocar mucha angustia. Pero si pensamos en la gota que es portadora de agua, vemos como nosotros también somos portadores de vida. «La vida de la que somos portadores continuará bajo otras formas en algún otro mundo», nos propone Panikkar, en una lección de humildad y de desasimiento, de incertidumbre y de confianza. En las aguas del todo o de la nada, como aniquilación o realización plena, podríamos decir. Todos podemos vernos en esta metáfora intercultural tan antigua y sugerente.

Algunos ejercicios prácticos

- Tira una piedra a un río o un lago y mira los círculos que dibuja en el agua.

- Reproduce ahora estos círculos concéntricos en una hoja de papel, cada vez más grandes y abiertos hasta que desaparezcan de la vista.

- Fíjate en las gotas del rocío sobre una hoja o una flor, o en las gotas de lluvia sobre el cristal de una ventana: ¿has visto que tienen una «piel» redondeada muy fácil de romper?

- Pasea por las ilustraciones del libro e intenta adivinar a qué parte del mundo hacen referencia: a la India, a un bosque tropical, al Polo Norte, a las montañas, a la costa, a Irlanda o a Indonesia...

- Cierra los ojos y respira con tranquilidad. Imagina que eres una gota de agua: ¿cómo te sentirías al llegar al mar?